Escritos para você

Editora Appris Ltda.
1.ª Edição - Copyright© 2025 dos autores
Direitos de Edição Reservados à Editora Appris Ltda.

Nenhuma parte desta obra poderá ser utilizada indevidamente, sem estar de acordo com a Lei nº 9.610/98. Se incorreções forem encontradas, serão de exclusiva responsabilidade de seus organizadores. Foi realizado o Depósito Legal na Fundação Biblioteca Nacional, de acordo com as Leis nos 10.994, de 14/12/2004, e 12.192, de 14/01/2010.

Catalogação na Fonte
Elaborado por: Josefina A. S. Guedes
Bibliotecária CRB 9/870

L732e 2025	Lima, Gil Escritos para você / Gil Lima. – 1. ed. – Curitiba: Appris, 2025. 129 p. ; 23 cm. ISBN 978-65-250-7442-9 1. Poesia brasileira. 2. Amor. 3. Saudade. I. Título. CDD – B869.1

Editora e Livraria Appris Ltda.
Av. Manoel Ribas, 2265 – Mercês
Curitiba/PR – CEP: 80810-002
Tel. (41) 3156 - 4731
www.editoraappris.com.br

Printed in Brazil
Impresso no Brasil

Gil Lima

Escritos para você

Curitiba, PR
2025

FICHA TÉCNICA

EDITORIAL	Augusto V. de A. Coelho
	Sara C. de Andrade Coelho
COMITÊ EDITORIAL	Marli Caetano
	Andréa Barbosa Gouveia (UFPR)
	Edmeire C. Pereira (UFPR)
	Iraneide da Silva (UFC)
	Jacques de Lima Ferreira (UP)
SUPERVISORA EDITORIAL	Renata C. Lopes
PRODUÇÃO EDITORIAL	Daniela Nazário
REVISÃO	Andrea Bassoto Gatto
DIAGRAMAÇÃO	Amélia Lopes
CAPA	Lívia Costa
REVISÃO DE PROVA	Ana Castro

À minha família

*Gratidão ao meu filho Thiago por renovar em mim
o desejo pela escrita e me guiar pelos caminhos da arte.
Obrigada por me apoiar ao longo desses anos.*

*Ao meu amado pai por me colocar em um
pedestal mais alto do que eu mereço.*

A todos os leitores por permitirem que meus poemas toquem seus corações.

Sumário

Toda vez que te encontro é sempre a primeira vez. 11
O silêncio não é vazio, está cheio de respostas 12
Seguindo em frente 13
Paciência 14
Ainda é você 15
Amor da vida 16
Saudade 17
Onde você ficou. 18
Seguindo em frente 19
Amo o amor que você desperta em mim... Amo a poesia
que vem junto com você. 21
Você faz o meu mundo melhor... Mesmo nos dias de vendavais...
Basta um instante... E sei que meu coração é seu. 23
Se possível fosse eu trancaria o tempo,
Assim, sem pressa, para manter vivas todas as memórias... 24
Você ainda vive em todas as lembranças... 25
O tempo não existe. No caminho há uma luz que nos
guia para o mesmo coração 26
Saudade... 27
Lembranças 28
Quem sabe. 29
Quero selar o nosso silêncio com saudades... 30
Não há pressa em diminuir as distâncias... Estamos à disposição
do tempo... 31
Sorrimos mansamente... E assim começa uma saudade secreta. . . . 32
Sem pretensões... 33
Viajo nas asas do vento... E os domingos do sul trazem saudade... . 34
Eu não sei quando você vem... Mas meu coração sabe
quando você chega... 35
Vem, amarre-me com poesias... Faz uma canção para meu
coração... 36
Sua presença permanece... 37
No jardim secreto ainda cultivo suas flores... 38
Quando você chegar Beije-me... 39

Sinto saudade... E todos os dias um pouco mais... 40
Estarei a segurar o sol em uma das mãos.
E na outra um jardim de flores... 41
Quero lhe falar da falta que faz... E da saudade que sinto........... 42
Queria que estivesse aqui. Talvez por uma noite...
Por apenas alguns segundos... Ou pela eternidade... 43
Você tem a alma cintilante... E o coração também.................. 44
E vamos nos encontrar... De volta no começo... 45
Espero que você escolha acreditar... Mesmo naquilo que
não pode ver.. 46
Eu assisti o sol se pôr de costas. E a lua chorou estrelas por mim. . . 47
Me ame na poesia... Ou apenas guarde um sorriso
sincero quando alguém pronunciar o meu nome................... 49
Saiba que você tem meu coração. Minha poesia...
E minha saudade... 50
Escrever para você é visitá-lo... Sempre que sinto saudade.......... 51
Meus pensamentos estão com todos com aquelas flores
que você deixou... 52
As palavras estão orquestradas dançando através do tempo...
Murmurando saudade... 53
Leva-me para passear nos teus sonhos...
Eu posso ouvir além da sua voz... 54
Estou em silêncio... Mas posso ouvir o vento gritando saudade...... 56
Laços invisíveis... Lá... onde mora o amor............................. 57
E algumas saudades... Nunca se vão.................................... 59
Pegue seu guarda-chuva. Mas devolva-me as chuvas...
Onde dançam nossos corações... 60
É sempre sobre você! Que meu coração sorri...................... 61
E o sentimento verdadeiro arruma formas de permanecer...
De permanecer para sempre.. 62
Invadindo as certezas 64
As lacunas preenchidas 65
E o silêncio chega sorrindo... Com olhar profundo
sussurrando saudade... 66
Se o amor não tem para onde ir... Deixe-o ficar..................... 67
Assim você vem.. 68
Suave é a magia que você traz quando chega sorrindo.............. 69
Seu amor decide ficar.. 71

Vamos pegar os sonhos e assistir as estrelas......................... 72
O amor é sobre segurar a mão
Quando o tempo pede para você partir. 73
O silêncio ensina muito para quem tem ouvidos serenos............ 75
A poesia é sempre para você. 76
O amor não desiste. E nem eu....................................... 78
Tudo menos as estrelas... Elas ainda são suas...................... 79
Ouvi os teus passos a ecoar através da brisa...
Vindo mansamente... Falando de saudade... 81
Eu fugi de todos os seus encontros...
Apenas lhe permito viver na poesia. 82
E nossos olhos se encontram na mesma direção... 83
Eu desejo mais tempo... Tivemos tão pouco tempo................. 84
No mesmo sorriso... No mesmo olhar...
Nos mesmos sonhos... 85
Aqui estamos procurando por uma palavra melhor que saudade... . 86
Quantas palavras cabem neste silêncio............................. 87
Eu queria morar mais tempo neste momento 88
Somos um pequeno infinito... 89
Tudo brilha muito mais brilhante... Depois de ficar
no escuro por tanto tempo. 90
Você conhece o meu coração. Os velhos modos convencionais
Perdido no tempo... Tecido com memórias......................... 91
E caso você tenha se perguntado o que
eu estava fazendo às 18 horas desta tarde...
... Bem aqui, pensando em você!.................................... 92
Então diz que me ama
E não tenho escolha, Mas admitir que Amo você também 93
O sorriso de toda a poesia... 94
Você chega abrindo a manhã com um sorriso de saudade.......... 95
Reencontrá-lo é sempre bom 96
Encontros 97
Despedimo-nos com um beijo silencioso e olhares profundos
com sabor de saudade... 98
Devo ter flores... Flores para você! Sempre e sempre............... 99
O segundo antes do último beijo...
O infinito dentro do último abraço...
O tempo que não temos. 100

Dos breves sonhos que se repetem em noites infinitas............. 101
Encantar-se pode ser mágico!!!...................................... 102
O amor é um pássaro que pousa na alma e canta melodias
sem palavras.. 104
Faz as malas. Vamos fugir!.. 105
Foi só um sonho... E nada mais.................................... 106
Eu começo e termino o meu dia pensando em você!............... 107
Pudera eu voltar no tempo... 108
Mais tempo... 110
É só saudade... 111
O perfume dos esquecidos não supera as memórias do tempo..... 112
Quero te dedicar uma canção... Minha poesia...
Os melhores pensamentos.. 113
Abro as janelas e deixo a luz entrar.............................. 114
E todo o céu se apaixona por você................................ 115
Sonhos.. 116
Honestamente eu viveria lá nos sonhos com mais frequência...... 117
Na atmosfera dos sonhos... Onde tudo é possível.................. 118
Leva-me de volta à noite em que nos conhecemos................. 119
Há momentos em que o silêncio é um poema....................... 120
Noites longas... Devaneios... Falam de você! Trazem você!........ 121
Você sempre faz falta.. 123
Eu só quero viver neste momento para sempre.................... 124
Eu passei pelos sonhos... Passaria tudo de novo só
para ouvir a sua voz me dizer: Que saudade!..................... 125
Estou pensando em você!... 126
Sinceramente, eu gostaria de estar aí, com você.
Aí, nos teus sonhos.. 127
Uma vida pra inventar... Uma vida pra escolher...
Uma vida pra durar... Uma vida inteira com você!................ 128

**Toda vez que te encontro é
sempre a primeira vez**

Sempre é a primeira vez
O coração acelerado...
As mãos trêmulas...
A voz enrolada como se não saíssem as palavras certas
Toda vez é assim...
O amor da vida
A gente sabe disso
Não precisa falar nada
Nossas almas se reconhecem...

O silêncio não é vazio, está cheio de respostas

Daqui do alto, da janela do segundo andar,
Estou na companhia do vento,
Com a visão das luzes da cidade,
Beijando o luar,
Amor ardente como uma vela.

Nossos corações estão entrelaçados,
Duas belas almas se ligam,
Adoraria andar no corredor
Lindamente vestido de branco
Com você esperando no final
E com lágrimas nos olhos.

Podemos não acabar juntos,
Sempre me lembrarei de nós assim,
No fundo do meu coração,
As palavras dormem na pele.
Os silêncios têm vida própria, eles não vão embora.
Eles crescem ao longo dos anos e ficam cada vez maiores...
E que sorte a nossa poder manter em segredo.
O silêncio não é vazio...
Está cheio de respostas.
E nós sabemos o que significam.

Seguindo em frente

Sigo em frente...
Porém o horizonte ainda tem seu cheiro...
Leva um tempo... Sem pressa...
Um tempinho de uma vida inteira...
Escolhi morrer de saudades...

Paciência

Seu amor perfeito
Sempre esteve repousando em mim.
Como borboletas, dessas que chegam sem avisar, imponentes, exercendo complacência...
Eu as espero na primavera, porém com sorte elas retornam sem tempo reservado...
Espero na varanda, sem pressa, com paciência, quem sabe elas voltem para colorir meus dias nublados...
Tudo tem seu tempo...

Ainda é você

Depois de todo esse tempo...
Você ainda é o primeiro pensamento do meu dia.
A gente até aceita a distância...
Finge uma estranheza, mas basta um olhar e pronto!
A gente se conhece...
Nossas almas se reconhecem...
Ficamos em silêncio...
E mais uma vez estou contando o tempo para sarar as lembranças...
Os melhores sentimentos são teus, com desejo sincero de que você ame novamente, que encontre outro amor, para que outra vida possa ser colorida pelo seu toque...
Para que esse outro alguém também acredite que é única e que saiba como é bom amar e ser amado.
Sentirei saudades sempre da paz dos teus olhos nos meus.

Amor da vida

Existem amores que nunca serão nossos, mesmo que sejamos deles.
Aqueles que não estarão presentes em nossas vidas.
Os que servirão apenas como inspiração para versos e poesias.
Aqueles que estarão presente nas lembranças de histórias de amor, nas músicas, nos filmes, nos livros...
Muitas vezes a saudade sentida não pertence àquele bem-amado, a saudade sentida pertence a nós mesmos,
Pertence ao que éramos naquela presença...
Saudade essa de ser real, de ser verdadeira, sem máscaras, ser transparente... ser "besta", sem julgamentos...
Sinto saudades de mim...
Da importância que você me dava...
Saudades de acreditar na utopia de que as rosas sempre
eram minhas...
A lua me pertencia...
As tardes com sol...
Os entardeceres...
Os anoiteceres...
Os dias de chuvas na janela...
Ah, quanta saudade de tudo que eu acreditava ser meu.
Nunca fui tão perfeita quanto sendo seu "Amor".
Saudades de "estufar o peito" ao sair por aí de mãos dadas ouvindo que eu era seu amor e você o meu.
Mas essas saudades todas não são de você, é egoísmo, eu sei, mas são de mim mesma, do tempo que eu era importante...
Então, caro "Amor da Vida", hoje só restou gratidão e saudades...

Saudade

Você se esqueceu de que nos dias de chuvas aqui dentro eu sinto mais a sua falta...
Falta de ficar ao seu lado, em silêncio, ouvindo as gotas tocarem a janela.
Não falamos nada... O silêncio se faz presente...
Sabemos o que transcende...
E com sorte, talvez você também esteja a olhar a chuva... E no seu íntimo recolhido possa sentir a paz...
Tomara que da janela onde você esteja a admirar o mundo...
Consiga sentir a mesma saudade...

Onde você ficou

Lhe guardei no olhar mais puro...
Nas palavras sinceras...
Lhe guardei no disfarce quando alguém pronuncia seu nome...
Lhe guardei no amor...
Sem saber que sempre lhe amei desde o dia em que pousei meus olhos nos teus...

Seguindo em frente

Começou o outono por aqui,
E ao olhar pela grade da minha prisão
Percebi que caiu a última flor.
Eu sei que o inverno será rigoroso, talvez o mais rigoroso no meu coração...

Ontem foi um dia de luto na alma, daqueles que nunca deveriam existir...
Não sei se é Deus me punindo ou me mostrando novos caminhos...
Sei apenas que quero partir...
Para qualquer lugar...

Contei o meu luto para duas ou três pessoas, as que considero importantes para mim, e ouvi de todas:
Siga em frente! Acabou!
O que ninguém sabe é como convencer meu coração cansado que não sabe como esquecê-lo...
Você pensa que fui omissa ao nosso amor, talvez meu amor somente...

Que pena que eu nunca soube enfrentar o mundo por mim mesma.
Mas não houve um dia sequer em que você não estivesse presente aqui.
O tempo todo...
Quero te dizer que estou tentando ser forte...

Eu nunca desisti!
Fui eu que te encontrei...
E, então, pensei que fosse meu para sempre...
E nosso amor, você sabe, vem de dentro...
Sei que ainda é possível sonhar... Mesmo quando estou me agarrando ao último grito de piedade...
Tentando me salvar...

Coloco uma música que era nossa e deixo tocar o dia inteiro...
Na esperança de que de onde você estiver possa ouvir o meu clamor...

Eu não vou desistir...
E com sorte, na primavera, as flores voltarão a florir...
E lá estarei... Amando-o... Até a última rosa se abrir...

Amo o amor que você desperta em mim...
Amo a poesia que vem junto com você.

Tem dias que parecem presentes.
Presentes de Deus, da vida, do destino...
São aqueles dias em que tudo seguia a rotina normal e, de repente, tudo se transforma...
São momentos que servem de combustíveis para abastecer os próximos tempos de saudades...
Ah, mas que lindo!
A gente fica anestesiada, paralisada no tempo...
É como se fosse sempre a primeira vez, você sorrindo, com aquele cheiro, o mesmo cheiro... Hummmm...
Eu sorrio também para disfarçar o nervosismo.
Nunca houve distâncias entre nós...
O tempo é nosso instante...
Você sempre com perguntas inúteis, eu acho que nem o ouço, só quero viver o instante criando memórias para o eterno...
Esqueço o caminho, a estrada, a direção...
Só consigo pensar em nós...
Você é a música que toca, o sentido da poesia de perto e de longe...
Amo a presença... E fica um monte de assuntos pendentes...
A gente fica besta, rs...
Não sabe o que falar...
Ah, bendito sejam os encontros inesperados...
Parece que a gente sai com mais saudades...
E dá vontade de viver tudo de novo e de novo...
Tenho certeza!
Sou apaixonada por você.
Amo o amor que você desperta em mim...
Amo a poesia que vem junto com você.

No final
Eu falo:
— Eu te amo...
E você responde:
— Eu também...

Você faz o meu mundo melhor...

Mesmo nos dias de vendavais...

Basta um instante... E sei que meu coração é seu.

É sempre assim... Olhamo-nos demoradamente para, enfim, nos dizer "oi".

Eu, para quebrar o gelo, pergunto-lhe:
Tem magia aí dentro?
Você sorri...
Pois sabe do que estou falando...
Tem magia mesmo.
O amor é isso.
Inexplicável...
Não há sentimento mais sincero do que olhar nos olhos de alguém e saber exatamente o que se passa.
Você faz o meu mundo melhor...
Mesmo nos dias de vendavais...
Basta um instante..., e sei que meu coração é seu...

Se possível fosse eu trancaria o tempo,
Assim, sem pressa, para manter vivas todas as memórias...

Um instante apenas.
Se possível fosse voltar um instante no tempo...
Eu o abraçaria apertado...
Ficaria na pontinha dos pés para senti-lo por inteiro...
Manteria ali o instante...
Somente o eterno do instante...
Se possível fosse, eu trancaria o tempo,
Assim, sem pressa, para manter vivas todas as memórias...
Quem sabe assim versos antigos criariam vida...
E poderia abrir o velho baú de saudades...
Onde guardamos as lembranças só nossas...
Ah, doce saudade! Deixe minhas lágrimas se esgotarem por inteiro.
Até eu acreditar que não há mais possibilidades...
Estou tentando...
Mas ainda não aceitei a despedida...
Não tive tempo de ajustar a alma.
Convença meu teimoso coração de que você não vai mais voltar.

Você ainda vive em todas as lembranças...

Nas fotografias antigas...
Nos livros que me deu, nos livros que eu lhe dei.
Nas citações que marcamos...
Nos tempos de esperas...
Nos filmes, nas músicas...
Na poesia que escrevo...
Tenho medo da velocidade dos dias...
Não sei como parar ou ir mais devagar...
Não sei se me reinvento ou apenas sobrevivo...
Cada dia é um novo recomeço...
Tento ver a beleza das flores, os detalhes... mas estão nublados para mim.
O tempo passa, ora lentamente, ora depressa demais.
As pessoas mudam, criam novas prioridades...
E eu continuo aqui!
Ainda sinto a brisa do seu amor...
Você ainda vive em todas as lembranças...
Nos sorrisos bestas que você dava...
Não sei se é lembrança ou um nome novo que quero criar para a saudade...
Só sei que o tempo todo teus fragmentos estão aqui em todos os cantos...
E nada fala mais alto quanto o meu coração.
Eu tento, mas sempre volto para o começo...
Aqui é um grande vazio cheio de tudo.
Cheio de tudo de você.
Sigo, então, nesta existência incerta, tentado encontrar sentido...
Ninguém disse que era fácil...
Mas aqui vou eu...
Oh, tempo! Peço-lhe paciência...
Conserve em mim as lembranças da paz que os teus olhos traziam...

O tempo não existe.
No caminho há uma luz que nos guia para o mesmo coração

A música que toca insiste em falar de você...
Viajo distraída no tempo...
E quando olho pelo retrovisor lá está você, sorrindo para mim.
Eu quase nunca acredito...
Será que é realmente você?
Então você acena...
E sem pensar o vidro desliza...
E pela janela você me beija, afaga meus cabelos e diz que me ama...
Só consigo responder: "Eu também...".
E sigo com o coração entorpecido pelo momento.
Em meio a tantos desencontros...
Como pode! Sem alarde, sem euforia...
A gente ainda existe...
O tempo não importa.
No caminho sempre há uma luz que nos leva para o mesmo coração.

Saudade...

Apenas saudade...
Saudade de você.
Saudade de mim.
Saudade de nós.
Saudade do que éramos quando estávamos juntos...
Saudade da simplicidade...
Da velha TV sob a cadeira.
Do colchão jogado no chão.
Das janelas ainda sem cortinas.
Nem precisava, a gente acordava antes do sol raiar...
Saudade da vida que fluía entre a gente.
Saudade das despedidas...
Que saudade do som da sua voz...
Ah, quanta saudade...
Apenas saudade...

Lembranças

Estou sentada aqui...
Caneta e papel na mão, pensando em como posso sequer começar a expressar o sentimento...
Embora eu reconheça que você é apenas uma lembrança bonita...
Não sei por quanto tempo mais é seguro escrever...
Mas deposito minha confiança nos versos leais que irão expressar minhas palavras...
Não preciso de respostas, pois sei decifrar os seus olhos...
Espero que você possa sentir o amor nestes versos...
E que eu continue a deixar um sorriso em suas lembranças...
Sinto saudades...
E vou tentar tomar mais vinho tinto em sua homenagem, porque sei que você não gosta.
Acostume-se, pois eu não vou me cansar...
Até que estes versos falem sobre outro amor.

Quem sabe

Quem sabe...
Quem sabe a gente se conheça novamente...
Nem todo o amor que pulsa em nosso coração é para nós.

Quero selar o nosso silêncio com saudades...

Minhas lembranças em profundas reverências se prostram à sua presença....
Confesso que o encontro em tantos detalhes... Pequenos detalhes....
Mas sem alarmes...
Estou vivendo os dias, aguardando o tempo...
Sem pressa...
Pois sei que ele não existe, nunca existiram distâncias entre nós.

E basta só um sorriso e uma vida inteira passa em um segundo.

Quero selar o nosso silêncio com saudades...

Por aqui permaneço...

Não há pressa em diminuir as distâncias...
Estamos à disposição do tempo...

Eu não o busco...
Mas quando chegam as lembranças abro as portas para que não forcem as janelas...
Deixo as memórias livres para que eu possa acessar quando a saudade se faz presente...
Da minha varanda contemplo a Lua, que hoje se postou deslumbrante...
E sem querer as lembranças vieram...
Em outros tempos você me presenteou com ela,
Hoje quero dedicá-la a você
Como prova da reciprocidade...
Sei que de onde você está também a vê. Mesmo que com outros sentimentos, espero que possa sentir a sua beleza...
Não há pressa de diminuir as distâncias...
Estamos à disposição do tempo...
Encontrei uma maneira de chegar até você, pois sei que o amor cabe dentro das palavras...
Estou apenas obedecendo meu coração,
Pois há sentimentos que nos guiam mesmo no escuro...

Sorrimos mansamente...
E assim começa uma saudade secreta.

Escuto o vento da mudança...
Ainda sinto a sua falta, mas já não como antes.
Fiquei apenas com as lembranças que o tempo deixou.
Algumas resistências que insistem em permanecer...
Gosto do seu "Bom dia"
Mas não deposito entusiasmo...
Poucas palavras, somente o necessário, para evitar criar novos laços...
Você sempre com perguntas...
Eu respondo com silêncio...
Não sei que tipo de seleção meu coração faz, mas conheço o seu interior tão bem que não precisa de palavras...
Nossos vínculos são profundos...
Olhamo-nos com carinho...
Em silêncio...
Como se tivéssemos somente o instante...
E realmente é só o que temos.
Por momento nos olhamos...
Sorrimos mansamente...
E assim começa uma saudade secreta.
A você dedico o meu sentimento mais sincero...
Sempre...

Sem pretensões...

Mas é fascinante...
Escrevo para não esquecer, já que tenho memórias curtas.
Escrevo para lembrar que ainda existe amor...
Escrevo para manter vivo o perfume das flores...
Escrevo para você, para mim, para nós...
Escrevo para eternizar as lembranças...
Vem, puxa uma cadeira e vamos trocar palavras...
Quem sabe os versos, as rimas, os poemas consigam chegar até seu coração...

Viajo nas asas do vento...
E os domingos do sul trazem saudade...

Saudade de você.
Tudo tão simples...
Tão leve...
Assim eram os dias de domingo.
Ainda continuo aqui...
Vendo as horas passarem...
Olhando a chuva cair...
Aguardando o tempo que passa lentamente...
Nada mudou...
Somente seu cheiro que não se faz mais presente...
Se bem que ainda está contido no frasco que esqueceu na cômoda.
Ainda ouço seus passos de leve vindo em minha direção e me acordar com um beijo de bom dia...
Quantas memórias...
Com raízes tão profundas...
A gente tenta podar, deixar de regar, mas as lembranças de domingo enchem todos os cantos...
O dia inteiro era nosso, continua sendo, mas em cenários diferentes...
Metade de mim é domingo
A outra é saudade....

Eu não sei quando você vem...
Mas meu coração sabe quando você chega...

E lá vem você de novo sorrindo em minha direção...
Eu não sei quando você vem...
Mas meu coração sabe quando você chega...
Você vem sorrindo... com mansidão...
E falamos como velhos conhecidos que somos.
Não há regras, mas falamos com cuidado para não invadir um território que fingimos não existir...
Todos os assuntos se resumem em saudades...
Saudades de nós...
Porque o presente não preenche as lacunas do seu coração, e nem do meu.
Você segura minha mão sigilosamente...
Então nos despedimos sem palavras, apenas com olhares...
E sorrimos com a alma leve, prontos para superar mais um tempo de ausências...
Que a paz desse momento possa sempre existir em nossos olhos.
Que a poesia seja capaz de registrar cada segundo na sua presença....

Vem, amarre-me com poesias...
Faz uma canção para meu coração...

Assim você chega misteriosamente...
Quase um estranho no meu mundo peculiar...
Com o tempo, muitas prioridades criam rumos diferentes.
Eu já não sou mais a mesma.
Sentimentos antes com tanta intensidade... tornaram-se apenas lembranças...
Eu mantenho silêncio...
Aprendi a controlar as ausências...
Você sempre cheio de assuntos...
Me conta dos planos e dos projetos, dos sonhos que tem.
E no fim sempre vem dizer da saudade que sente...
E eu, que no controle estou, quase que lhe peço...
"Vem, amarre-me com poesias...
Faz uma canção para meu coração...".
Mas não é conveniente nem muito menos correto.
Então apenas o ouço, mas sem ênfase para o momento...
E fico contente que seguiu sua vida...
Que bom que ficou somente o essencial...
O respeito....

Sua presença permanece...

Nas memórias mais remotas...
Na lágrima que cai...
Nas palavras não ditas...
No silêncio decretado...
Na melodia que toca...
E assim um refúgio se faz necessário,
Pois ainda...
Sua presença permanece...
Nos sonhos que acredito...
Na poesia que escrevo...
Na plenitude das verdades...
Nas memórias de saudade...
Na magia do encontro...
Nos sorrisos bobos...
Nos detalhes...
Ainda permanece no "até mais" que murmuramos quase sem ser dito.
O coração sempre descobre uma forma de permanecer...
De permanecer para sempre.

No jardim secreto ainda cultivo suas flores...

É outono.
As folhas estão por todas as partes.
E dançam com o vento...
Exalam um cheiro familiar.
Cheiro de saudade...
Assim, as lembranças chegam como brisa suave...
E vão inundando tudo passivamente...
Como todas as memórias voam com o vento...
Desejo eu que elas cheguem até seus pensamentos...
Apenas para beijá-lo suavemente...
Espero que nunca se esqueça da paz que partilhamos...
Sobre os tempos felizes...
Manteremos em secreto silêncio...
Alguns sentimentos desafiam a distância e o tempo...
Assim eu o eternizo nas minhas memórias e nas poesias que escrevo...
Pois há sentimentos que não quero esquecer...
Mesmo sentindo o inverno se aproximando,
No jardim secreto ainda cultivo suas flores...
Pois elas ainda vivem em meu coração....

Quando você chegar
Beije-me...

Assim, sem alarmes...
Amou daquela vez como se fosse a última...
Beijou como se fosse o último beijo...
Seus olhos fitavam com precisão a gravar o momento no eterno...
E atravessou a rua com seus passos largos...
Ainda assim olhou mais uma vez...
Sorriu tristemente...
E se foi...
Com que direito vem invadir a minha prisão sombria?
Por que não me deixou adormecida?
Com que tortura vem roubar meus beijos?
Vem me buscar dos meus pensamentos secretos,
quando eu estava bem?
Com que mentiras vivem seus segredos?
Não quero dar importância...
Mas confesso que vejo os raios de luz surgindo em minha direção...
Então, quando você chegar,
beije-me...
Apenas beije-me.

Sinto saudade...

E todos os dias um pouco mais...

Já é inverno aqui no Sul.
As folhas estão se misturando com a relva.
Do lado de fora há um enorme silêncio...
Mesmo com meu coração gritando aqui dentro.
Os pássaros se escondem...
Não ouço o seu cantar...
Alguns dias são um pouco mais melancólicos...
Parece que o frio traz lembranças dos dias quentes...
Às vezes, o sol me convida para subir pela janela, e tudo o que eu posso fazer é ir até o terraço, no segundo andar.
Vou suavemente para valorizar melhor o seu calor...
Assim posso sentir os sentimentos singelos da montanha deitada à minha frente.
Sei onde você se esconde, posso enxergar os seus rastros...
Mas não o sigo, apenas o observo...
Só leva uma fração de segundos para sentir a presença da saudade...
Respiro fundo...
Com os olhos fechados... sorrio...
Pouco sei que depois de tantos anos ainda sinto a sua falta...
Não sei se sou eu que sinto saudade...
Ou se é a saudade que se acostumou aqui comigo.
Só sei que...
Sinto saudade...
E todos os dias um pouco mais...

Estarei a segurar o sol em uma das mãos.
E na outra um jardim de flores...

Aparentemente tudo parece diferente...
As cores foram mudadas...
Há um cheiro de tinta fresca no ar...
Preciso combinar novas cores no coração...
Eu quero abraçar a mudança...
Mas ainda me vejo perseguindo as rosas...
Estou me reinventando...
Encontrando novas formas de amar...
Enxergo novos caminhos...
Mas não sei se quero ir...
Vou tentando ajustar a lente da vida.
Ora parece embaçada...
Outras nítidas demais...
O importante é seguir adiante...
Pois tudo passa...
Como as estações...
Daqui a pouco novas luas irão brilhar...
Mesmo com tantos desencontros...
Permaneço aqui!
Estarei a segurar o sol em uma das mãos.
E na outra um jardim de flores...
Pois sei que este coração ainda pulsa em nome da saudade...

Quero lhe falar da falta que faz...
E da saudade que sinto...

A noite chega se empoderando do silêncio...
Eu tenho entrelaçado poesias em todos os cantos...
Esbarro o tempo todo nas lembranças que estão impregnadas na alma...
Então sem domínio lavo a saudade com palavras...
E sem querer não mais me pertenço...
Aqui tudo é você!
Quero lhe falar da falta que faz...
E da saudade que sinto...
Faço minha cama com memórias...
E durmo com a dor que pensei que poderia suportar...
Enganei-me!
Eu tenho amarrado balões às cicatrizes e os assisto a flutuar pelo ar no meu infinito secreto...
Ao longo da noite tudo o que desejo é que o sono venha mansamente...
E acenda um novo amanhecer...
Pois ainda não sei...
Por quanto tempo este coração remendado...
Estará a adormecer com as lembranças....

Queria que estivesse aqui.
Talvez por uma noite...
Por apenas alguns segundos...
Ou pela eternidade...

Aqui é cheio de pensamentos que desaparecem como um flash.
Em tempos simples há muito silêncio...
Alguns finais não têm despedidas adequadas...
A gente simplesmente se afasta...
Criei espaços vazios que se enchem de saudade...
A música que toca
Traz lembranças...
Traz a paz dos tempos vividos...
Os discos dessa casa ainda insistem em tocar as velhas melodias...
Que mantêm as memórias no tempo...
Como as fotos do pôr do sol que se vai todos os dias,
Mas deixa gravado em nós o divino do momento...
Ainda há infinitos versos sussurrando segredos...
Minha mente os mantém e eu não faço parte disso.
Queria que estivesse aqui.
Talvez por uma noite...
Por apenas alguns segundos...
Ou pela eternidade...
De momento só lhe peço:
Cante-me uma canção para que eu possa dormir...

Você tem a alma cintilante...
E o coração também...

Eu vejo você chegar com um sorriso familiar.
Contando de tantos assuntos...
De como assiste ao sol se pôr nas montanhas...
Do brilho que consegue enxergar a lua
Das estrelas que povoam o seu céu...
Da colheita que lhe enche de sonhos...
Da saudade que sente...
Ah, saudade...
E eu sempre fico com a certeza de que
Você tem a alma cintilante...
E o coração também...
Só desta vez percebo que tenho todas as respostas aqui dentro.
Ainda devo a você o meu melhor sorriso...

E vamos nos encontrar...

De volta no começo...

E quando acordar...
O tempo já passou...
Vai ter aprendido a tirar a dor e a transformá-la em armaduras para defender o amor...
Não há pressa...
E vamos nos encontrar...
De volta no começo...
Sem passado, nem perguntas...
E seremos o herói que precisávamos quando éramos mais novos...
Estaremos prontos para voltar para casa depois de uma longa viagem....

Espero que você escolha acreditar...
Mesmo naquilo que não pode ver...

Quero lhe falar das flores e dos tempos de espera...
Que tenhamos a paciência de um jardineiro ao semear o seu jardim, sabendo que as flores mais bonitas levam tempo...
Mesmo que seu jardim não floresça exatamente como você planejou, espero que possa confiar no que acontece abaixo da superfície.
Espero que você escolha acreditar...
Mesmo naquilo que não pode ver...
A vida está sendo moldada sob o solo, e com a chegada da primavera, na estação certa, as flores irão chegar...
Espero que você possa continuar semeando, mesmo com alguns receios.
Pois o que realmente importa é que com o tempo as melhores sementes sempre virão para enfeitar o seu jardim...
Prepare-se para o crescimento que certamente virá...
Persista além dos limites dos seus medos...
Então você irá olhar para trás e ser tão grato por ser paciente...
O tempo todo está sendo moldado, da maneira mais bela e vivificante...
Mesmo antes de saber como suas flores ganhariam vida...
E tudo isso acontece milagrosamente porque você escolheu semear algo novo.
Escolheu semear o amor, a fé, a paz...
Você escolheu acreditar no milagre que acontece todos os dias...

Eu assisti o sol se pôr de costas.
E a lua chorou estrelas por mim.

Às vezes, a minha mente escorrega no caminho me levando de volta a você.
Eu sorrio por um momento...
De olhos fechados... revivo...
Sem audácia de ter posse.
Apenas lembranças...
Minhas memórias...
Eu sinto a sua falta...
Falta de quem eu era quando estava ao seu lado...
Ainda tenho o sabor da eternidade que você alimentou...
Às vezes sinto o cheiro do seu perfume...
O mesmo cheiro persistente ao redor do meu quarto.
O cheiro da loucura de vê-lo entrar pela janela como um anjo ou fantasma me assombrando...
A pior parte é que sei que nunca seremos restaurados para os nossos velhos eus...
O fato é que deixei você ir...
Mesmo ouvindo o seu grito de misericórdia...
Escolhi deixá-lo partir...
Sem batalhas...
Como um guerreiro abatido em combate...
Decidi pelas minhas certezas...
E fiquei apenas com as lembranças...
Que insistentemente permanecem aqui.
Eu ainda cuido das suas flores...
E de alguma forma isso me faz sentir a sua presença...
Também deixo a janela aberta para sentir o vento enrolando as cortinas, trazendo seu cheiro...

E a lembrança de vê-lo entrando suavemente me envolvendo no aconchego dos seus braços...
Eu vi você chegar inúmeras vezes...
Com um sorriso bobo.
Com os olhos repletos de verdades...
Desejando ser para sempre...
Mas o deixei ir mesmo sabendo que sentiria a sua falta sempre...
Eu assisti o sol se pôr de costas.
E a lua chorou estrelas por mim.
Nesta noite e em todas as outras que virão...
Eu estarei aqui, pacientemente, esperando o tempo passar...
Na esperança de que o nascer do sol possa trazer a luz para um coração que sangra...

Me ame na poesia...
Ou apenas guarde um sorriso sincero quando alguém pronunciar o meu nome.

Deixe o amor encontrá-lo...
Através das palavras...
Pensamentos que voam como flechas direto para o centro desse sentimento...
Escrever é uma arte, é emocional.
Tudo flui do coração...
Você pode esconder ou expor o que está dentro de você.
Cada poema, cada poesia tem a sua própria emoção, significado e profundezas...
Há uma magia nas palavras...
É possível eternizar alguns sentimentos...
Eles podem atravessar a barreira do tempo e manter vivas as mais remotas memórias...
Escrever é talvez a maior das invenções humanas, unindo pessoas de épocas e tempos distantes...
Atravessando continentes e estreitando distâncias... A escrita prova que os humanos podem trabalhar com a magia.
Gostaria de ter mais tempo para escrever...
Eu sempre soube que era isso que queria fazer a vida inteira.
E agora é só o começo, pois não consigo imaginar uma melhor utilização do tempo do que trazer as palavras em minha mente para a vida em uma página.
Aqui estou usando a magia das palavras, e fazendo o que me faz feliz...
Me ame na poesia...
Ou apenas guarde um sorriso sincero quando alguém pronunciar o meu nome.

Saiba que você tem meu coração.

Minha poesia...

E minha saudade...

No meu infinito particular as palavras me fazem companhia...
Dias e noites silenciosos...
No meu coração habita um vazio...
Mas não é um vazio de tristeza, é um vazio preenchido com a intensidade de sentimentos que moram aqui dentro.
Muitos versos que brilham...
Como o perfume das rosas esmagadas...
Entre folhas de segredos...
De um livro aberto...
Por toda essa bagunça, ainda permanece a beleza das flores que você me dedicou...
Saiba que você tem meu coração.
Minha poesia...
E minha saudade...
Talvez hoje o sol me empreste o seu calor...
E carregue pra você como prova de gratidão...
Dedico-lhe o meu melhor sentimento...

Escrever para você é visitá-lo...
Sempre que sinto saudade....

Eu sempre gostei da eternidade das palavras...
Ainda tenho todos os poemas que você fez pra mim.
A beleza da escrita, o tempo não pode prejudicar.
Filosofias caem como areia...
E pensamentos silenciosos seguem-se uns aos outros.
Sentimentos que tomam posse de viver no infinito das estrelas...
Cada sorriso...
Cada olhar...
Cada palavra...
Tudo me é tão familiar...
E chego à conclusão impossível de que já
o conhecia bem antes de tudo.
Eu já o amei em outro tempo...
Em um lugar diferente...
Em outra existência...
Sempre lhe falei isso, que haveria outra vida...
E você, com uma doçura implacável, sempre sorria...
Acariciava os cabelos de forma terna...
Beijava demoradamente...
E uma flor subia até meus lábios para selar os sentimentos...
E nesse momento sinto o sol...
Lembro-me de como foi lindo...
É lindo e sempre será...
Porque fomos nós...
E somos mágicos...
Escrever para você é visitá-lo...
Sempre que sinto saudades...

Meus pensamentos estão com todos com aquelas flores que você deixou...

A minha saudade sussurra o seu nome baixinho....
Como um embalo entre caminhos desconhecidos...
Todos os dias tenho a sensação vazia de querer lhe dizer alguma coisa...
Contar-lhe os planos, meus sonhos...
De tantos projetos caminhando...
Você sempre foi um bom ouvinte...
Naqueles papos de clichê ou de colorir o céu de uma nova cor...
Talvez por educação sempre fingia entusiasmo...
Eu abraço as lembranças e não quero deixar ir...
Meus pensamentos estão com todas aquelas flores que você deixou...
Tempos felizes...
Faz meu coração sentir-se em casa.

As palavras estão orquestradas dançando através do tempo...
Murmurando saudade...

A escuridão engole todas as faíscas de luz...
O vento se estende para o sul entre os vales.
Cobrindo terras e pensamentos distantes...
Como um sopro de brisa suave que canta a doçura ao longo da vida...
As palavras estão orquestradas dançando através do tempo...
Murmurando saudade...

O frio está chegando lentamente...
Congelando memórias remotas...
Folhas caindo com tranquilidade,
Tornando-se uma tapeçaria dourada.

Através da escuridão ainda é possível enxergar algumas estrelas...
Que brilham incessantemente...

E, assim, cria-se uma melodia dentro das palavras vazias que queimam profundamente através dos corações partidos...
Dos olhares vagos sem pretensões de amar...

Assim a serenidade das esperas se faz presente...
Cantando a serenata de um sonho esquecido...

Leva-me para passear nos teus sonhos...
Eu posso ouvir além da sua voz...

São os corações que sangram que mudam o mundo.
A maioria são os únicos que usam fragilidade na manga e suavidade nos lábios...
Palavras...
Apenas palavras me fazem companhia...
O inverno chegou imponente...
Deixando tudo a sua volta mais solitário...
As melodias estão mais tristes...
Os gelinhos descongelados...
Um coração vazio...
Sem sentimentos...
O amor está em outros caminhos...
Perdido... pesado...
Como um casaco molhado que não pode voltar a ser usado...
Mesmo assim o sol continua a aquecer...
A lua ainda insiste em brilhar...
Os campos estão brancos...
Os pássaros tentam pousar na pontinha dos dedos nas velhas madeiras...
E tristemente cantam...
Entre o frio do inverno, as pétalas insistentemente continuam a brotar...
E a poesia ainda permanece...
E no meio desse vazio
Você vem em passos leves...

Me dizendo:
"Leva-me para passear nos teus sonhos...".
Eu posso ouvir além da sua voz...
E assim todo o tempo deixa de existir...
A velha eternidade entre nós...
Sorrimos sem esperar nada.
Apenas o inverno passar...

Estou em silêncio...

Mas posso ouvir o vento gritando saudade...

Fecho os olhos e durmo em paz...
O sol está tentando desesperadamente aquecer meu coração...
Derretendo quaisquer vestígios de você.
Mas impossível tocar no vazio que existe lá no fundo...
Os dias parecem longos...
As noites ainda mais.
Estou em silêncio...
Mas posso ouvir o vento gritando saudade...
As memórias em pedaços...
Aos poucos vão se desfazendo...
Infinitamente se perdem na realidade...
Juntam-se às estrelas criando sua própria luz...
Em um fluxo de despedidas
Alinham-se passivamente...
Cada cor está pintando um novo futuro.
E consigo apenas sorrir...
Você é apenas uma lembrança boa...
Sem posse, nem cicatrizes.
Apenas lembranças...

Laços invisíveis...
Lá... onde mora o amor...

Somos instantes...
Histórias inteiras.

Somos momentos...
Com memórias intensas...

Somos lembranças...
Das verdades contidas.

Somos a luz...
De um coração que bate...

Somos a força
Da capacidade da vida.

Somos as estrelas...
Que brilham no escuro...

Somos as nuvens...
Que se escondem da chuva.

Somos o sol.
Que aquece os corações...

Somos nós.
Laços invisíveis...
Lá... onde mora o amor...
Somos o melhor sentimento.

O sorriso verdadeiro...
O silêncio dos amantes...

Somos o olhar...
O conhecimento da alma.

Somos a saudade diária.
A morada dos pensamentos...

Somos as flores...
A beleza das pétalas.

Somos a música...
A melodia que toca...

Somos o sorriso...
Chamado de verdade.

Somos a poesia...
A magia das palavras...

Somos o tempo...
A eternidade de amar...
Somos o eterno
Porque somos nós.
E somos para sempre...

E algumas saudades...
Nunca se vão...

Eu o vejo chegando lentamente...
Você, com teus olhos barulhentos, queimando contra o preto do seu coração partido...
Ainda sei que você é o milagre...
A magia do sentimento eternizado no tempo...
O mesmo olhar...
O mesmo sorriso...
E algumas saudades...
Nunca se vão...
O vento sussurra baixinho...
Eu escuto, mas não me movo...
Eu sei da intensidade...
Você fala dos sonhos...
Mas escolhi viver às cegas...
Eu vejo o brilho que mora em seu olhar...
É lindo... Sempre foi...
Essa faísca no sol
Nos manterá aquecidos
Mesmos nos dias nublados...
Leve de mim os sorrisos...
Deixe-me apenas com as lembranças...

Pegue seu guarda-chuva.
Mas devolva-me as chuvas...
Onde dançam nossos corações...

Sim, você pode ter um tapete embaixo do braço e sair voando por aí...
Mesmo quando a tempestade permanece por aqui.
Enquanto o tempo passa sorrindo...
Estou procurando o sol que aquece meu coração.
Leve de mim os sonhos...
Mas deixe-me com as noites...
Entrelaçados como sombras de um silêncio...
Molduras no chão são balançadas...
Velhas fotografias trancadas no escuro das caixinhas de sapatos.
Cartas antigas que você escreveu...
Tantas flores sem vida.
Deixei as lembranças presas
Mas não pude apagar as memórias...
Eu deixei você partir...
Sem batalhas...
Nunca quis o regresso.
Mesmo com o coração sangrando...
Algumas histórias precisam ter ponto final.
Pois o fim também é um ato de amor...

É sempre sobre você!
Que meu coração sorri...

E sua mão instintivamente segurou as minhas.
Seus olhos dançaram fora da realidade...
Vejo pássaros cantando...
Mesmo com uma transparência clara, apesar da distância consigo enxergar os raios cadentes de um pôr do sol de inverno.
Ainda conheço a magia que vive lá no seu infinito...
Com que ímpeto atravessa os meus segredos?
Como eu reinvento a leniência?
Talvez manter o silêncio nos salvará por algumas vidas...
Mas não será suficiente.
A alma sempre fica desnuda.
Aí vem você balançando pensamentos...
Sorrindo...
Querendo ficar...
Quando eu desejo que o vento o leve...
Suavemente...
Sem medo de ferir...
Com medo de amar...
É sempre sobre você!
Que meu coração sorri...

E o sentimento verdadeiro arruma formas de permanecer...
De permanecer para sempre...

Através do horizonte cinza
Você vem como uma tempestade...
Ele usa a cor do sol.
E beija as palavras com o vento...
Sei que planejou todas as ações...
Mas seus olhos castanhos revelam todos os segredos contidos no seu íntimo.
Mil sonhos dentro de você ficam cristalinos...
Ouvi suas lamúrias, seus sussurros, ecoando com a alma afogada.
Cada camada cria sua própria emoção, significados e profundezas...

Meus lábios cheios de palavras...
Contei-lhe dos versos que brilham...
Da beleza da poesia...
E que nada mudou...

Você me mostrou onde as flores estão escondidas...
E que a cada manhã ainda enxerga a luz que vive em seu coração.
Que a saudade em você faz morada...

E o sentimento verdadeiro arruma formas de permanecer...
De permanecer para sempre...

A sensação de que somos ainda os mesmos velhos adolescentes, perdidos...
Com o coração sangrando...
E sua presença desajustou todas as cercas que eu havia construído.
E cá estou! À deriva pelo oceano de lembranças...
Estou a segurar os cacos de sonhos quebrados para me manter à tona.
Amando apenas os pedaços...

Gil Lima

Isso é sobre a vida.
As renúncias...
E as saudades que permanecem...

Invadindo as certezas

Mesmo que ame o embalo do seu sorriso...
Que vem trazendo magia no amanhecer...
Sabendo que nossos corações voam amarrados à lua,
Revelando segredos tão guardados...
Trazendo a suavidade do seu mundo com cicatrizes tão visíveis.
Sua presença pinta as cores da primavera.
Mesmo quando estou armada com meu chapéu e meu escudo.
Minhas mãos estão mais ocupadas agora do que no tempo que decidi partir...
O oceano dentro de mim ainda é profundo e sombrio...
Mas estou a perseguir o sol.
Então vem você derrubando as barreiras...
Invadindo as certezas...
Depositando sonhos no meu infinito particular
Sabendo que vivo em paredes que construí para me esconder de ti.
Não quero que ultrapasse as partes macias e frágeis.
Não venha desvendar o meu mundo e invadir os meus medos...
Sabe que sou feita de poesias e saudades...
Pois ainda sou eu.
E este ainda é meu coração.
E é lá que você ainda vive.

P.S.: demore para voltar!
Preciso reconstruir as muralhas...

As lacunas preenchidas

Talvez exista um segredo...
Nosso segredo.
Talvez seja assim...
Isso o preenche, preenche-o e preenche-o...
Até que não haja mais lugar algum.
Ou talvez seja apenas nós...
Inexplicável...
Sincero...
Verdadeiro...
Único.
Então a magia se faz presente.
E no silêncio vivemos...
No infinito dos nossos olhos permanecemos...

E o silêncio chega sorrindo...
Com olhar profundo sussurrando saudade...

O espaço entre os dedos é destinado para a caneta em cima do papel...
Que descreve perfeitamente o meu sorriso
Quando fico a ouvir o que o tempo faz com a saudade...
Depois de tantas luas
Vem você dizer que sou a razão pela qual você acredita no milagre...
Concordo apenas que é o motivo pelo qual a poesia ainda vive...
E o silêncio chega sorrindo...
Com olhar profundo sussurrando
Saudade...
Somos os mesmos velhos conhecidos...
A última palavra ainda continua sendo a mesma.

Se o amor não tem para onde ir...
Deixe-o ficar...

Aterrissei no seu sorriso...
Decidi ficar um pouco sob as estrelas...
Sempre traz a magia das canções antigas...
Vem com intenção de agradar...
Com os mesmos olhos castanhos.
Traz flores nas mãos calejadas...
Fica sem pressa...
Dizendo as mesmas palavras...
Deixando tudo dourado, como os ipês que estão por todas as partes...
Eu negocio contra a transparência clara.
Tentando encobrir sentimentos...
O mesmo coração aquece os velhos sonhos esquecidos...
A esperança ganha asas para voar alto...
Tão alto que quase esquecemos dos ventos do sul,
Perdidos nas memórias...
Vivendo o agora...
Há apenas uma direção à qual avançamos...
Se o amor não tem para onde ir...
Deixe-o ficar...

Assim você vem...

Vem sorrindo com leveza...
Com cheiro de bem querer
Dando asas aos sonhos...
Mãos que entrelaçam...
Olhares genuínos.
Silêncios que falam...
Saudade sincera.
Abraço apertado...
Beijo demorado.
E a mala fica cheia de flores...
Contando os minutos do tempo.
E nesta noite os sonhos a ti pertencem.

Suave é a magia que você traz quando chega sorrindo...

Suave como a brisa...
Como a beleza das colinas...
Suave é a magia que você traz quando chega sorrindo...
Chega beijando os sonhos...
Os espaços entre os olhares estão gritando
Saudade...

Você vem descendo mil milhas somente para me presentear com um sorriso no rosto.
E em segundos joga a máscara forçada pelas condições, tentando curar as cicatrizes...

Eu nunca sussurro meus medos em seus ouvidos
quando me beija...
Mas sei que ouve meu coração acelerado...
Eu decido ir contra a minha vulnerabilidade, sabendo que todos os meus pensamentos se rendem à sua presença...

Traio meus juramentos para consumir meus sentimentos...

Sinto muito por ti, enquanto sente pena de mim, lamenta por nós.
Insiste em me chamar para o sol.
Eu o ouço, conheço o seu infinito, mas não posso falar de esperanças...
Ainda sou eu mesma!
E você confirma que ainda é você mesmo.

Estou a esperar o trem passar...
Mesmo não havendo plataforma.
Apenas na bagagem uma coragem genuína
que só o amor verdadeiro alimenta.

Seu amor decide ficar

E na luz da manhã veio em minha direção
uma leve brisa soando feito um vendaval...

Atingindo a costa em uma velocidade incomum.
Suas palavras sempre provocam uma tempestade em meu coração.

O silêncio ganha asas para voar alto...
Entre perguntas e sorrisos...

Seus olhos nunca conseguem esconder os segredos contidos...

Necessidade simples e milhões de desejos...
Você vem falando de saudade...

Saudade o tempo todo...

Às vezes, quando o vento sopra,
Ainda é possível ouvir os corações cantando...

Quem dera pudesse ver minha fragilidade.
Estou a segurar as lágrimas e a pintar a pele coberta de cicatrizes...

Eu amo a sinceridade, não que eu ame todas as verdades.

Eu decido sorrir...
E seu amor decide ficar...

Vamos pegar os sonhos e assistir as estrelas...

A luz aumenta sobre a escuridão...
Já faz muito tempo, anos e meses que o vento vem tentando me curar...
Foram necessários muitos poemas, canções, poesias e vinho tinto, recusando milhares de assuntos para deixar suas memórias...
De repente, vem você vestindo a cor do sol, com olhar sincero ditando palavras, falando de sentimentos...
Você tenta, mas sempre falha em reconhecer a tempestade...
Ainda assim vem sussurrando com seu grito interior.

Vamos pegar os sonhos e assistir as estrelas...
Sem respostas, escolho sorrir...

Apenas sei que o amor nunca desiste.
Nem eu.

O amor é sobre segurar a mão
Quando o tempo pede para você partir.

Você sabe quando é importante...
Porque o sorriso ilumina a sua existência...
Dessa vez foi diferente.
Você chegou trazendo as palavras certas,
As mesmas que tantas vezes foram declamadas.
Eu olho para você sorrindo...
Concordando com tudo o que diz...
Nós olhamos com gritos silenciosos...
Da última vez tive um gosto amargo de contratempos.
Sem saber responder perguntas e cobranças.
A última lembrança tem que ser sempre com um sorriso, mesmo quando ele é triste.
Pois todas as inspirações dependem da magia que você traz...

Hoje não andei sobre o seu coração, porque não me arrisquei.
Ainda me culpa pelo tempo perdido.
Como se fosse meu erro que tenha optado por não ter a visão clara.
Tenta manter os sentimentos no bolso.
Confessa que está apenas vivendo.

Ouço-o com cuidado mantendo uma frequência nítida.
Estou aprendendo a ser paciente com os sonhos...

O amor é sobre segurar a mão.
Quando o tempo pede pra você partir.

E o horizonte permanece sem costuras.
Eu decido que vou espera-lo às escuras...
E você decide acreditar porque precisa da certeza para viver...

No mesmo sonho
Na mesma igrejinha
Você estará lá, esperando...
Quando o tempo chegar...

Despedimo-nos sorrindo...
Nossos corações se reconhecem.

O silêncio ensina muito para quem tem ouvidos serenos...

De repente, a pessoa que você era ontem já não existe mais.
Tudo mudou, seus sonhos se reinventaram...
Os livros estão na cabeceira há algum tempo.
Os papéis por todas as partes necessitando encontrar suas respectivas pastas.
Os poemas vêm e vão...
Não fazem muito sentido, mas continuo escrevendo, tentando encontrar as palavras certas, porque é o que realmente gosto...
Escolhi fazer isso na velhice.
O tempo e as palavras são infinitos...
As barreiras cresceram, estão gigantescas, nenhum sentimento me toca profundamente.
A solidão da primavera está fazendo um grande barulho, há folhas em todos os cantos, algumas flores caídas, sem vida, apenas colorindo.
O silêncio ensina muito para quem tem ouvidos serenos...
Os desejos são simples: encontrar os amigos, tomar um chá, jogar conversa fora e sorrir à toa.
Estar em qualquer espaço que abrigue a humanidade, onde ninguém perceba os centímetros de solidão...
Há dias em que é preciso ser apenas feliz...
Com o momento, com olhares sinceros, sem máscaras...
Dias em que é preciso apenas sorrir ou fumar um Black sem cobranças, sem fingir ou dissimular.
Dias em que você precisa apenas de uma oração, de companhia, de abraços sinceros e prosas sem fim...
Estou aprendendo a ouvir sem querer que me ouçam também.
Apenas olhar o outro humanamente, sem ser vítima.
Aprendendo que há instantes preciosos...
Aqueles que nos estendem, encontram-nos, fazem-nos ser melhores...
Por mais dias assim, por mais tempo com a simplicidade de ser feliz...

A poesia é sempre para você.

– Você gosta de escrever?
Ele pergunta.
Eu apenas respondo com um sorriso de indignação, tentando mostrar meu espanto.
– Você sempre soube que escrever faz parte da minha vida.

Ele pergunta novamente.
– A poesia é para mim?

Que petulância da sua parte.
Mas para não dar continuidade à conversa.
Afirmo sinalizando um "sim" sem palavras.

Ele insiste.
– Eu amo você.

O uso que ele faz da palavra "amor" me arranca uma risada.
Mas mantenho a compostura, sem ser seduzida pelas suas doces palavras...
Eu sei que há céus sem limites tão brandos quanto o seu olhar no meu rosto quando você fala comigo.
Desejo apenas que tenha esquecido meus segredos, as confissões que aquecem o coração nos momentos sombrios.

Continua a me encher de perguntas.
– Tenho saudades de saber de você. Do que ainda gosta?

Ah, não respondo, apenas disfarço...
E um turbilhão passa aqui dentro de mim.
Penso em falar, mas estou seduzida pelo seu olhar.

Na verdade, gosto de comparar os olhos das pessoas a doces.
Os olhos dele são como chocolate.
Suaves e quentes.
Já fui uma grande fã de chocolate. Hoje nem tanto.
Gosto de sentir o amargo, talvez porque a vida é hoje sem doce.

Volto à realidade com ele falando...
– Tenho saudades o tempo todo.

Apenas afirmo:
– A poesia é sempre para você.

O amor não desiste.
E nem eu.

O som da sua voz
me faz acreditar que talvez esse coração ainda bata por uma razão.
E talvez eu possa sentir algo mais que nada.

Ele me olhou intensamente com aqueles olhos
tão vazios quanto o vasto céu azul e me disse
Que ainda sou o seu primeiro pensamento.

O amor não desiste.
E nem eu.

Tudo menos as estrelas...
Elas ainda são suas.

Você vem e vai...
Como um sonho que não consigo lembrar...
Mas também não quero esquecer...

Você aparece em dias comuns
Com sorriso de verdade
Falando de saudade...
Eu abandonei meu coração
E com isso as lembranças extraviadas...

Deixei as melhores memórias...
Como um conjunto de chaves que perdi.
E consequentemente nunca penso em procurar, nem quero encontrar.

Eu sou o sol nascendo no leste.
E a lua se pondo no oeste.
Tudo menos as estrelas...
Elas ainda são suas.

Sinto muito por você.
Enquanto sente pena de mim.
Mas não posso falar as palavras que deseja ouvir...

Eu fico no escuro...
Esperando o tempo passar...
Ele me olha nos olhos me chamando para o sol.
Mas tudo o que vejo são as estrelas desordenadas...

Nessa noite não chorei...
Apenas o segurei num abraço sem fim.

Ouvi os teus passos a ecoar através da brisa...
Vindo mansamente...
Falando de saudade...

Enquanto sigo por um caminho tranquilo,
O mesmo que escolhi com a certeza de que você não estaria.
Quando toca alguma música sem nenhum sentido.
As nuvens giram em total harmonia.
Estão tão brandas quanto o meu vasto coração.
A serenidade junto à melancolia arranha suas garras à minha porta,
Enquanto me encontro engasgada com minhas próprias palavras.
A confusão confusa das emoções vem de uma só vez, e aqui estou na esperança de deixá-la fluir até que a tinta fique seca, sem nenhum cheiro...
Às vezes sinto o peso de mil preocupações ascendendo ao céu.
Eu nunca acreditei que meu coração tivesse asas.
De repente!

Ouvi os teus passos a ecoar através da brisa...
Vindo mansamente...
Falando de saudade...

E eu me perguntei se você ainda vive pela Terra do Nunca.
Mas naquele momento, a única coisa que me restava fazer era dançar...
Finalmente senti alguma coisa real.

Você usa as mesmas palavras perfeitas.
Tentando me seduzir com um sorriso bobo
Como se não existisse o tempo...

Eu senti toda a sua falta.

Eu fugi de todos os seus encontros...
Apenas lhe permito viver na poesia.

Embora as nuvens estejam muito perto para me alcançar.
Eu não quero correr, apenas olhar...
Eu vou levá-lo no coração.
É aí que você se encaixa perfeitamente.

E nossos olhos se encontram na mesma direção...

No mesmo instante em que tudo é ausência...
Você chega trazendo o mesmo cheiro de saudade...
Usando o mesmo tom de voz, a magia de outrora.
E olhando nos seus olhos culpei minha tristeza por manter sua memória tão perto.
Por permitir ainda sentir a mesma intensidade de antes, quando tudo o que anseio é deixar de lembrar...

Ainda é você mesmo.
Brigando pelos mesmos motivos...
Confessando suas mágoas...
E nossos olhos se encontram na mesma direção...

E eu querendo parar o tempo
Mesmo na incerteza de uma eternidade entre nós.
Você tem tanto a dizer...
Eu também.
Tento descontrair brincando que temos algo em comum.
O mesmo gosto por topetes.
E você, na sua serenidade, não sorri.
Apenas fala que mesmo depois de tanto tempo ainda perseguimos o mesmo sentimento...

Eu queria chorar nos seus braços.
A imaginação não obedece aos limites.
Os tempos mudaram, mas os sentimentos são os mesmos, velhos conhecidos.

Eu desejo mais tempo...
Tivemos tão pouco tempo...

Mesmo havendo uma guerra entre meus pensamentos e meu coração
Eu seguro a sua mão e você sempre me abraça...
Abraços sem fim.

Então você deixa suas cicatrizes descobertas, eu posso sentir, mas não posso curá-las.
Eu sei que queria a salvação, mas nada posso fazer, pois estou enfrentando minhas próprias guerras.

Crio um escudo contra a realidade...
Enquanto você mergulha no seu abismo.

Vamos voltar a dormir...
O sonho de uma primavera acabou...

No mesmo sorriso...

No mesmo olhar...

Nos mesmos sonhos...

Eu venho perseguindo as chuvas brandas de março.
Não há tempestades que eu não tenha encontrado com um coração aberto, porém não importam os ventos, por aqui tudo caminha suavemente...

A escrita tem sido minha salvadora.
Há papéis por todos os cantos, alguns bilhetes amarelados, outros recentes, todos eternizando o tempo.

Eu permaneço tentando recuperar o dano com minhas próprias mãos, olhando de perto as partes que precisam ser abandonadas.
Mesmo não havendo um caminho certo na arte ou na vida, tropeçamos nas probabilidades com tantas possibilidades...

Como hoje!
Eu sempre tive dificuldades para acreditar no futuro, mas adoro o jeito que a saudade fala sobre o amanhã.

A gente se encontra...
No mesmo sorriso...
No mesmo olhar...
Nos mesmos sonhos...

E todo o tempo do mundo é nosso.
Lembranças feitas nos desencontros da quietude dos silêncios encantados.

Aqui estamos procurando por uma palavra melhor que saudade...

Abrimos sem temor a caixa secreta de nossas lembranças...
Temos a intimidade de falar sem restrições dos momentos vividos...
Sorrimos sem reservas, como crianças travessas.
E o amor dá forma ao que nunca esteve adormecido.
Não temos nenhum controle, pois ainda somos nós os prisioneiros das memórias...

Aqui estamos procurando por uma palavra melhor que saudade...
Alguma que doa um pouco menos.
Sabemos que é infinito...

Mesmo assim seguimos adiante com passos leves para não tropeçar nos espinhos...

Estou sorrindo sem culpa!
Porque a alegria não é pecado.

Quantas palavras cabem neste silêncio...

Através da janela a cidade se abre.
Remodelando minha solidão
Sinto os passos leves da saudade
Tentando não acordar os velhos sentimentos...

Quantas palavras cabem neste silêncio...

Eu poderia falar, ditar mil frases, envolver-me com o som da sua voz, mas apenas permaneço com a serenidade.
É mais fácil pousar os olhos à distância do que encarar o seu infinito.

Você ainda usa a linguagem secreta deixando flores no portão.
Eu sei o significado, mas deixo seus segredos guardados...

Pois o amor ainda tem a última palavra...

Eu queria morar mais tempo neste momento

Encontramo-nos no crepúsculo da madrugada.

Prometemos manter as promessas e as distâncias...

Um beijo nunca é suficiente.

Você é um momento que eu poderia viver para sempre...

Somos um pequeno infinito

O sol está brilhando aqui e eu estou aproveitando ao máximo.
Mas se pudesse estar em outro lugar nesta manhã com certeza seria com você.
Perdida no seu sorriso bobo e na sua capacidade enorme de ouvir...

Em vez disso, estou a olhar pela janela do segundo andar enquanto o sol aquece lentamente sussurrando seu nome, talvez já sentindo saudade...

A incrível capacidade da minha mente que faz tudo parecer tão longe...

Sabendo que há tão pouco estava aqui tão perto, no aconchego do abraço sem fim.
Ainda consigo rastrear os sonhos enterrados no oculto das memórias, aqueles que ninguém vê, que ninguém sabe, somente nós.
Basta um toque e tudo volta a ser como era antes.
As memórias são uma forma de preservar a si mesmo, para ser lembrado ou quem sabe até mesmo esquecer...

Agora posso dizer apenas que vou continuar
girando as nuvens em direções opostas.
A música continua tocando, mas não é possível dançar...

Então voltamos no tempo real esperando que mais dias como estes voltem de presente para nós.
O amor é isso, apenas uma conexão entre duas almas.

Tudo brilha muito mais brilhante...
Depois de ficar no escuro por tanto tempo.

Parece mais fácil fechar os olhos toda vez que o céu se transforma em fumaça.
Mas, de alguma forma, a luz sempre volta.
Você poderia rastrear cada linha do meu sorriso mil vezes, mas prefere segurar minhas mãos dizendo que o "para sempre ainda é nosso".
Eu escolho o silêncio, mesmo que ele esteja gritante dentro de mim.
Consigo ouvir os suspiros que saem dos seus lábios inegavelmente cansados, ultrapassando os limites que não pode avançar.
Gosto da autenticidade das suas palavras, que soam no tom de verdade, mas que fazem duvidar do seu carácter.
Dentro das minhas mãos eu seguro o infinito, mas sem ter a menor intenção de entregar a você.
O amplo horizonte é apenas uma ilusão, mesmo sendo tentada a acreditar no seu discurso.
Uso uma desculpa ruim para aprisionar a desesperança.
Vou deixar um guardião no meu sono, nos próximos tempos não quero correr o risco das breves realidades que se repetem em noites infinitas...

Você conhece o meu coração.
Os velhos modos convencionais
Perdido no tempo...
Tecido com memórias...

Redescubro meu espaço, um canto no sofá nunca usado, uma vista na janela em que nunca me coloquei, cores no céu que antes não havia percebido, os sinos das igrejas que pontuam a hora, os raios do sol que trocam de quarto de acordo com o tempo.

E a leitura, poesia, pensamentos, meus rascunhos, luz, caneta, sábado à noite e você, tudo o que eu preciso.

Persigo a canção em meu coração mesmo sem entender a melodia...
Os ventos do Sul trazem o som da sua voz, o que me faz acreditar que talvez a saudade ainda tenha uma razão...

Você conhece o meu coração.
Os velhos modos convencionais
Perdido no tempo...
Tecido com memórias...

Uma porta se abre para o infinito...
E, sorrindo, despedimo-nos.
No final éramos apenas dois corações partidos tentando lembrar como era estar inteiros.

E caso você tenha se perguntado o que eu estava fazendo às 18 horas desta tarde...
... Bem aqui, pensando em você!

Tem sido difícil escrever, até mesmo ler, há vários livros me esperando...
Há muitas coisas acontecendo nas últimas semanas, difícil ser criativo em momentos estressantes.
Estou tentando criar um ritmo para equilibrar meu trabalho, meus tantos trabalhos...
Mas tudo acontecendo no seu tempo, e vamos nos adaptando...

E caso você tenha se perguntado o que eu estava fazendo às 18 horas desta tarde...
... Bem aqui, pensando em você!

Ainda posso ouvir o barulho dos carros passando pela minha rua, as conversas diversas de pessoas em passos apressados, os cães latindo longe sem sintonia.
Não faz nenhum sentido, só sorrisos vagos...
Estou cercada de afazeres e palavras prósperas que apenas fazem minha alma se sentir tão bem satisfeita.
Café e cobertor quentinhos...
Isso é tudo para um final de domingo.

Então diz que me ama
E não tenho escolha,
Mas admitir que
Amo você também

Sua mão estende-se diante de mim, uma vista nada comum.
Meus olhos estavam em ti, tentando disfarçar minha fraqueza.
Ainda usa as asas escondidas falando tão gentilmente, pronto para afagar os cabelos e pisar na Terra do Nunca.
Ele usa a mesma voz com palavras certas, deve ser o sol no seu sorriso que faz tudo parecer verdade.

Então diz que me ama
E não tenho escolha,
Mas admitir que
Amo você também

E o amor dá forma ao que por um instante estava adormecido.
Estamos presos nas memórias do tempo sem nenhum controle sobre isso.

O sorriso de toda a poesia

São as palavras que abrem caminho entre nós.
O sorriso de toda a poesia sempre tem um nome.
Um nome qualquer, sem identidade, sem endereço fixo, um nome que combine com a saudade...
As pessoas compram flores, mas eu gostaria de poder comprar o aroma...
Aquele que só é possível sentir uma vez, no tempo suficiente de eternizá-lo.
Mantenho as memórias como um ato de sobrevivência...
Ainda sou o mesmo cavaleiro feito de resistências, até que precise escapar dos efeitos do seu sorriso...
O mesmo partilhado pelas confissões secretas...
Seu olhar me lembra que felicidade é simplicidade.

Você chega abrindo a manhã com um sorriso de saudade...

Estou no meu lugar preferido, olhando a forma como as luzes se acendem...
Talvez eu sinta alguma coisa que ainda não sei ou que pensei que estivesse mais distante...
A velha sensação mesmo depois de anos, que faz tudo parecer que foram só alguns minutos...

Assim como a chuva fina de agosto,
Você chega abrindo a manhã com um sorriso de saudade...

Parece que é mais bonito do que eu conseguia imaginar...
O mesmo cheiro...
A voz suave...
Contando os sonhos, que ainda hoje eu estava lá...
Eu e você caminhamos no tempo mais bonito que pôde existir.
Um momento nunca é suficiente.
A gente se despede como se fôssemos logo ali, para voltarmos no fim da tarde, ou simplesmente para dizer o quanto faz falta.

Reencontrá-lo é sempre bom

Faz frio lá fora, mas aqui dentro o coração está quentinho...
Encontrar o dono da poesia na fila do pão quase me fez esquecer que eu estava à procura de um bom vinho rosê.
Minha memória inunda-se de luzinhas brilhantes ao me dar conta da alegria de ter te encontrado.
Eu vejo tristeza na profundidade do seu olhar, que quase me confunde com a sinceridade do seu sorriso...
A maneira que a calma invade a alma, quase é possível andar de mãos dadas com a paz que você consegue transmitir.
Há momentos feitos de magia que acho que só eu posso ver.
A certeza de que há vida nos detalhes.
Reencontrá-lo é assim.
Mesmo sem espaço ainda podemos flutuar...
Somos os velhos lobos uivando para a mesma lua.

Encontros

Encontramo-nos como gotas cristalinas de orvalho que crescem com perfeita clareza.
Encontramo-nos respirando o ar que não pertencia a ninguém.
O caminho dos meus passos são os mesmos através da neblina.
Sigo o ritmo implacável do tempo, com pensamentos suaves em forma de oração.
Enquanto persigo este momento, ele me conduz como um presente diretamente ao seu encontro.
Tento apanhar as luzes nebulosas e brilhantes...
Vejo você caminhando lentamente, iluminando o nascer do sol.
E a magia de uma manhã como tantas outras se torna em espiral de cor.
Encontramo-nos como gotas cristalinas de orvalho que crescem com perfeita clareza.
Encontramo-nos respirando o ar que não pertencia a ninguém.
As vozes silenciosas das saudades que sentimos...
O orvalho da manhã estava pertinho do céu.
Os sentimentos voaram e aterrissaram nas esperanças e nos sonhos...
Ainda sabe o caminho para o meu coração.
Despedimo-nos consumidos pelo sorriso que guardamos na memória.
O tempo abranda os sentimentos permitindo-nos ver detalhes tão elaborados de pensamentos desencadeados por momentos inesquecíveis...
Ainda é possível fechar os olhos e sonhar...
Ainda posso ouvir a sua voz declamando o meu nome com perfeita sintonia...
Falando as palavras certas como um segredo guardado...
Esforço-me para não brotar memórias de crescimento presente, afetadas pelo passado de outrora, sopradas pelo vento, nascidas em solos diferentes reverenciando o mesmo sentimento em nome do amor verdadeiro.
Algumas manhãs parecem dias de domingo.

Despedimo-nos com um beijo silencioso e olhares profundos com sabor de saudade...

As vozes suaves das conversas entre as janelas semiabertas atrás de portas trancadas.

As mesmas que nos perderam tanto ou não mais que a miragem de momentos enganosos que duram enquanto mentimos juntos dissecando o passado, analisando um futuro ilusório...

Estamos encalhados entre dois mundos distantes na penumbra do silêncio, compartilhando os mesmos sentimentos.

Despedimo-nos com um beijo silencioso e olhares profundos com sabor de saudade...

Devo ter flores...
Flores para você!
Sempre e sempre...

O beija-flor chegou!
Devo ter flores...
Flores para você!
Sempre e sempre...
Eu quero flores para sustentar minha vida.
Eu sempre tenho o suficiente para sentir seus aromas frágeis.
Um sorriso.
Um aceno.
Um momento de felicidade.
Um sentimento emergente.
Alguns minutos da eternidade.
Alguns segundos para suspender o tempo.
Uma porta para o sol, as nuvens, o vento.
Um momento...
As memórias...
A saudade...

Nos melhores dias.
Escrevendo poesias com cheiro de lilás.
Felicidade!
E um sorriso lindo guardado aqui dentro.
Ah,
Beija-flor!

O segundo antes do último beijo...
O infinito dentro do último abraço...
O tempo que não temos.

Por aqui os anos estão voando...
Envelheço enquanto durmo.
Dezembro é verão no hemisfério sul, então os dias são muitos longos...
Normalmente eu encontro o sol sorrindo com cheiro de orvalho...
Acenando um bom dia, com sorrisos de velhos conhecidos.
Estou com pensamentos bons...
Mas sinto falta das pétalas enfeitando o meu jardim.
Apenas estou aprendendo a amar outras flores.
Enquanto giro para as nuvens fico presa entre o nascer do sol e o momento em que seus olhos se encontram nos meus.

O segundo antes do último beijo...
O infinito dentro do último abraço...
O tempo que não temos.

E quase esqueço como é respirar...

Dos breves sonhos que se repetem em noites infinitas...

Você precisa de uma luz quando está escurecendo...
As palavras...
Suas palavras...
Você canta uma música que só o meu coração consegue ouvir...
Quero poder decifrar o silêncio contido no seu olhar...
Quero poder explorar cada ponte, cada rua deserta.
Quero descobrir de onde vem o brilho dos seus olhos...
Quero conhecer cada cicatriz, mesmo quando não sou capaz de curá-las.
Quero admirá-lo na hora do pôr do sol e em todas as noites sem lua.
Só então quero que saiba que ainda tenho as melhores memórias...
Dos breves sonhos que se repetem em noites infinitas...

Encantar-se pode ser mágico!!!

De repente, alguma coisa anima meu coração.
Quase sinto a luz entrar através de uma pequena fenda na abertura das cortinas de minh'alma.
Sussurrando feito brisa suave... com leveza...
Que quase posso acreditar no impossível...
Percebo o encanto que desnuda o erotismo da alma.
Desvendando os segredos sem nenhum esforço.
Os olhos risonhos inertes, sem querer acordar para a realidade...
Assim, surpreendente, a vida me tira para dançar sem dar tempo de recusar o convite.
Entrego-me ao improviso bom que desmancha o penteado arrumadinho dos roteiros programados.
Deparo-me quase sem ação diante da simplicidade que vem me lembrar que viver pode ser mais fácil.
As palavras se mostram sem fazer suspense.
Descubro linhas pontilhadas... no meu infinito particular.
Encantar-se pode ser mágico!!!
A possibilidade de girar o sol e colorir o céu de uma nova cor...
Viajar fora da frequência da escassez e sintonizar a estação da disponibilidade, onde melodias cantam, mas a gente não ouve.
Mágicas sejam as dádivas que vêm nos lembrar, com alívio, que há lugares de descanso para o nosso coração cansado.
Que há lugares de afrouxamento para os nossos apertos...
Que sempre podemos mudar o foco.
Que não é tão complicado assim saborear a graça possível que mora em cada instante.
Abençoadas sejam as dádivas generosas que nos surpreendem...
Elas não sabem o quanto às vezes, tantas vezes... nos salvam de nós mesmos.

E meus pensamentos voam à procura das palavras certas para te falar...
Sem causar espanto, com tom de verdade.
Talvez eu possa te dizer...
O quanto é bom saber que você existe!

O amor é um pássaro que pousa na alma e canta melodias sem palavras...

De repente, como presente inesperado,
Aparece você com formas e ações diferentes.
Eu não sei dizer como foi...
Tirou a ordem das estruturas antigas...
E um sorriso começou a escapar dos meus pensamentos...
Acendeu uma luz na escuridão do meu coração antes tão sombrio.
E eu nem mesmo conheço o sabor dos teus lábios...
Não conheço o cheiro da sua pele, tão pouco o toque das tuas mãos...
Imagino que tenha cheiro do pó das estrelas, aquele que te direciona aos sonhos...
Fez nascer a primavera onde o inverno não passou.
A força secreta de um sentimento novo, quase inatingível...
Não sei se é possível querer ou apenas te ter no meu infinito particular.
Mas cá estou sonhando...
Totalmente rendida a esse sentimento...
O amor é um pássaro que pousa na alma e canta melodias sem palavras...
Segure a minha mão e me leve para a vida.
A vida que sonhei... do alto, lá de cima, pertinho das estrelas...

Faz as malas.
Vamos fugir!

Rumo às infinitas possibilidades...
Possibilidades de viver os sonhos,
Os que sonhamos e os imaginários...
Sem destino certo
Somente ir...
Sorrindo com os olhos e decifrando o silêncio de felicidade...
Vivendo o momento sem pensar em nada mais
Faz as malas.
Vamos fugir!

Foi só um sonho...

E nada mais.

Há uma pequena casa com janelas quebradas, mas com uma varanda bonita.
A paz geralmente mora lá.

Podemos tomar café na sua caneca favorita e eu posso ler poesia pra você, mesmo quando você não está interessado.
Você pode me ouvir ou escolher me beijar...
Sorrirei pra você e continuarei narrando a história novamente.
Através das montanhas podemos avistar as faíscas no sol.

Você me abraça carinhosamente e posso ouvir o seu coração, então sinto que ali sempre foi o meu lugar favorito.
Até consigo sentir o cheiro...
Cheiro de felicidade...

Foi só um sonho...
E nada mais.
Acordei com uma saudade...

Eu começo e termino o meu dia pensando em você!

Talvez você seja um amor diferente.
Daqueles que ficam escondidos nos segredos não partilhados... guardados nos bolsos secretos...
Aqueles que se apresentam com possibilidades reais e inventadas...
Talvez seja você a cura para um coração tão ferido, ou quem sabe apenas seja para abrir caminho para novas palavras criando um enredo e virando poesia.
Talvez seja você a "pessoa linda" que vai resgatar os sonhos esquecidos, antes adormecidos...
E posso sorrir... sem pressa, olhando calmante...
O coração está de janelas abertas sentindo a brisa entrar suavemente...
Então... A paciência ganha asas para voar bem alto... pertinho das estrelas.
Talvez a cura seja uma questão de distâncias...
Entre mim e seu abraço...
Só sei que...
Eu começo e termino o meu dia pensando em você!

Pudera eu voltar no tempo...

Algo nesta noite se presta tão lindamente e nostálgico...
Eu sei onde você está. Tão perto! Tão longe...
Meus pensamentos podem viajar e te alcançar.
Eu nunca soube que era você desde o primeiro momento.
Eu não te reconheci...
Mas fiquei presa às tuas palavras desde que meus olhos pousaram nos teus.
E agora todo esse tempo está passando lentamente e eu estou te dedicando os meus melhores pensamentos...
Eu sinto falta te ter uma vida inteira para encher de memórias...
Pudera eu voltar no tempo...
Ganhar tempo...
Ter te conhecido antes.
Antes dos erros e acertos.
Antes que nossos corações estivessem tão perdidos...
Eu não sabia que você existia...
Eu nem sonhava...
Mas de repente alguma coisa mudou aqui dentro.
Tudo parece tão familiar...
É você!
O agora parece tão pouco...
Em todos os momentos estou a te procurar...
Abri as portas do meu coração gentilmente sem pressa...
Venha sim!
Mesmo não podendo ficar.
A gente aproveita os instantes...
Estampamos sorrisos um no outro.
Venha!

Até a saudade passar...
Talvez possamos compensar o tempo perdido.
Talvez eu esteja vulnerável de propósito.
Talvez eu precise desse momento para dar sentido à poesia...
Ou talvez eu queira realmente
Amar você!

Mais tempo...

Como velhos conhecidos que somos, tentando recriar a velha intimidade de outrora, falamos do tempo, da chuva fina que caía sob o amanhecer dos dias nebulosos de inverno.
Éramos nós, os mesmos de antes, revivendo um passado tão presente...
Quanta vontade de mudar as rotas, de rever conceitos, de poder ser os perseguidores do sol.
Hoje eu queria apenas mais tempo...
O tempo que não temos.
Tempo de mostrar as palavras contidas nas caixinhas de segredos...
Tempo de dizer o quanto você ainda é tão infinito...
Tempo de poder mudar as distâncias da avenida com quilômetros longínquos, somente para poder ter um pouquinho mais...
As palavras silenciaram a chamada uivante como uma faísca de luz, brilhando através da neblina...
Um beijo... Silêncio... Saudades...
Mais tempo...
O suficiente para ter certeza de que tudo não foi um sonho bom.

É só saudade...

Os infinitos imensuráveis que o tempo não alcança.
Atravesso a realidade para ir ao passado somente para matar a saudade do aconchego do seu abraço...
Dos beijos sem fim...
Das noites em claro...
Das conversas infinitas...
Das risadas sem motivo...
Do cheiro...
Hummm...
Posso até sentir o mesmo aroma de outrora.
Lá... No passado...
Perdoe-me!
É só saudade...

O perfume dos esquecidos não supera as memórias do tempo.

Eu vejo o vento chegar através das janelas semiabertas.
A luz branca, fria e suave que repousa aqui dentro.
Não há cores, apenas sorrisos de momentos...
As minhas mãos seguram sonhos sem sentido.
Minha visão está cheia de destinos, somente meu coração é perdido, vazio...
Tenho muitas palavras... Queria ter tempo para fazer o que realmente faz meu coração vibrar... Escrever...
O céu às vezes é azul, mas na maioria há muitas tempestades...
Vozes alteradas... Em que a delicadeza não reina.
O perfume dos esquecidos não supera as memórias do tempo.
Um reino de gelo paira lentamente pelo ar...
E o medo dorme embaixo dos meus olhos cansados...

Quero te dedicar uma canção...

Minha poesia...

Os melhores pensamentos...

Encontro-me novamente sob a luz do luar, sob o céu com pontinhos brilhantes...
Carvão e chamas na poeira do tempo esquecidos...
Memórias que sempre desaparecem...
Apenas algumas permanecem entre um olhar e sorrisos...
Quero te dedicar uma canção...
Minha poesia...
Os melhores pensamentos...
Estou crescendo em novas direções e há raízes que estão firmes, mas essencialmente estou deixando cada uma.
A água parece mais morna e não tenho medo, pois sei o que existe do outro lado.
Quando olho no espelho pareço diferente. Deve ser os anos que se foram tão rapidamente e não percebi.
Sinto falta do tempo, do verdadeiro tempo, de estar ao lado de pessoas importantes, que queria me permitir, perder-me em longas conversas...
Há tantos que amo...
Queria ao menos um café, um sorvete, olhar nos olhos, poder dizer o quanto preciosos são.
Quem sabe amanhã trará um novo tempo...
Enquanto isso vamos vivendo...
Em companhia das palavras...
Pensamentos...
Descansando e observando a serenidade do momento.

Abro as janelas e deixo a luz entrar...

A chuva fina de outono chega regando a alma.
Flores também crescem no escuro...
Abro as janelas e deixo a luz entrar...

Tenho a bússola em minhas mãos.
Mas tenho medo de me perder...
Eu sei que poderia rastrear cada linha do seu sorriso...
Mas prefiro o silêncio dos segredos intactos...

Estou andando sob as nuvens com medo das alturas.
Sinto o vento chegando... levemente...
Envolvendo-me entre o presente e o agora.

Você é o sonho...
Você é a cura...
Você é a única coisa que quero tocar...

E, se possível fosse, perguntar-lhe-ia.
Por que demorou tanto?
Eu estive sempre aqui nos mesmos sonhos...
Embora escondida entre as cortinas das auroras infinitas...
Que pena!
Nada mais tenho a oferecer...
Mas posso apenas admirar a beleza dos seus olhos... E do seu sorriso também.

E todo o céu se apaixona por você.

Restou-me esta noite, que lhe entrego embrulhada em estrelas... Acompanhada da lua (que por sinal está linda hoje).
Tomara que de onde você esteja também possa vê-la...
Faz frio lá fora, deve ser o inverno começando... ou talvez sejam os vazios morando aqui dentro.
Eu precisei em pensamentos... Um segundo para dar a volta ao mundo para encontrá-lo...
Ou será que foi o vento em minha janela que me fez pensar em você?

Dedico-lhe minha poesia...
Com um carinho só meu.
E todo o céu se apaixona por você.

Cheio de encantamentos como magia...
Magia de iniciante, inocente, parecendo criança com sorrisos bobos...
Um carinho sereno... suave... desses que vêm embrulhado em plásticos bolhas, desses que a gente tem todo o cuidado de sentir...
Cuidando para não sentir demais...

Há um brilho dourado transformando tristezas em poemas...
Queria apenas um pensamento...
Alguns minutos da eternidade...
Alguns segundos para suspender o tempo.
Uma porta para a lua (nesta noite)
Um momento...
Seu sorriso...
Sem palavras ensaiadas...
Somente te olhar...

Sonhos...

Meus sonhos assombram a luz do dia enquanto a inquietação persegue as minhas noites.
Um perfume desconhecido no ar, as palavras dançantes no papel, pensamentos perdidos...
Encontrando formas de encontrá-lo...
O desdobramento de um sentimento sem culpa.
Vejo horizontes orientais nos seus olhos.
Olhar suave com um sorriso de poesia, brilho romântico daqueles que aquecem a alma.
Sentimentos sem a necessidade de tanto, mas muito no pouco.
Ah, se possível fosse mudar cada linha traçada, dedos entrelaçados, coração confuso, andando em direção sem nenhuma sinalização, sem sensatez, sem limites...
Mas sonhando cada toque percorrendo a sua pele perfeita.

Eu preciso apenas de você e alguns pores do sol.

O doce encanto das borboletas que vivem nesse paraíso...
O meu velho coração ainda sabe sentir mesmo com todas as certezas perdidas no tempo da ilusão...

Honestamente eu viveria lá nos sonhos com mais frequência...

Há poeira de estrelas soltas pelo ar... por aí, subindo e brilhando...
A luz da lua cresce madrugada adentro, em um pequeno espaço, sem fazer barulho, quase silêncio...
Memórias chegam sem ocupar espaço, fazendo-se presente.
O frio de outono faz tudo parecer tão aconchegante...
O meu coração vive em paz, quase sorrindo por dentro.
Algumas noites eu queria que fossem mais longas para estreitar os caminhos entre as palavras e a escrita...
Um amor pela noite!
Ou pelos sonhos... Aqueles que podemos sonhar acordados... Ouvindo a mesma música...
Estou a te esperar sob a luz do luar...
Agora apague todas as estrelas...
Honestamente, eu viveria lá nos sonhos com mais frequência...
Só para te sentir pertinho...

Na atmosfera dos sonhos...
Onde tudo é possível.

Assim como o vento frio de agosto, pensamentos chegam para te visitar
Sempre que a velha saudade se faz presente.
Gostaria de tocar sua mão, envoltos na ternura do seu olhar...
Na atmosfera dos sonhos...
Onde tudo é possível.
Daqui do alto posso ver as estrelas brilhantes tentando aquecer o coração contra o esquecimento...
Somos o que lembramos...
A memória escrita ninguém pode tirar de nós.
É um ato de resistência, é uma luta contra o tempo, o envelhecimento, as ausências...
Palavras para o coração.
Como um regresso de volta para casa, em que conhecemos todos os caminhos, as falas, os olhares, a paisagem, o sorriso brilhante de quem te espera...
Espera a vida inteira...

Leva-me de volta à noite em que nos conhecemos...

As últimas noites de outubro chegam com clima de saudade...
O silêncio dos pensamentos pode contar muitas histórias na atmosfera dos sonhos...
Não há nada de errado em ser um sonhador...
Sentir o esplendor da lua escondida nas nuvens escuras...
Faz frio lá fora mesmo com a primavera reinando.
Aqui também há bastante silêncio e poucos sorrisos...
As almas sensíveis tendem a sentir mais, mas nunca estão sozinhas, há sempre um brilho brilhante lá embaixo, ao fundo, que sempre nos faz encontrar o caminho de volta para casa.
Acendo as velas, cujo perfume me remete aos velhos pensamentos...
Os mesmos que sempre foram seus...
Levam-me de volta à noite em que nos conhecemos...

Há momentos em que o silêncio é um poema.

Quando se trata de sentimentos sempre tem um relógio fazendo tique-taque...
Não basta amar, tem que chegar a tempo
O tempo que não temos
O tempo que se foi...
O tempo de agora, em que é possível apenas te olhar...
E ver a vida a passar...
Passar depressa demais diante dos seus olhos
De uma forma ou de outra, o tempo nos separa com a distância suficiente para dar espaço para a saudade...
Há momentos em que o silêncio é um poema.
Mesmo quando não há mais espaço
As palavras ainda permanecem na esperança de não te deixar partir...

Palavras para o coração contra o esquecimento.

Noites longas...
Devaneios...
Falam de você!
Trazem você!

Quero voltar de novo naquele dia, naquela noite.
Eu sempre quero sonhar mais...
Noites longas...
Devaneios...
Sempre tem suas memórias...
Olhos castanhos
Jeans rasgado.

Então você se sentou e admirou os meus lábios.
E eu já podia sentir o seu beijo...
Lembra quando me olhou de verdade?
E eu já podia sentir a eternidade...
Palavras e flores...
Sempre tem você!
A lua é minha, mas lembra você!
Morangos sempre tem o seu gosto...
Você trancou o meu coração e não posso encontrar a chave.
Mesmo quando ando correndo a mil por hora...
Você ainda tem o meu melhor sentimento...
Eu pulei a vida,
Deixei-o para trás ou à frente
Mesmo quando sigo sem você
Os sorrisos bobos...
Aquela música... ainda lembra você!
Como naquela noite,

Quando suas mãos tocaram o meu corpo.
Seus lábios...
Ainda sinto o seu beijo...
E mesmo se eu fugir...
Ainda assim as melhores memórias são suas...
Noites longas...
Devaneios...
Falam de você!
Trazem você!
Memórias...
As melhores são suas.

Alguém na fila de espera ainda usa o seu perfume...
A vida ainda tem seu gosto
Os sorrisos bobos...
Não posso ir muito longe
Você ainda tem meu coração.
Minhas memórias...
Minha poesia...

Você sempre faz falta.

Inevitavelmente.
Nos sábados com chuvas...
Nos dias de domingo.
Nos entardeceres...
Nas noites com lua.

Você sempre faz falta.

Eu só quero viver neste momento para sempre.

O lugar das memórias é um lugar de acesso aos sonhos...
Cada memória tem seu caminho...
Os mesmos que me levam à sua direção...
Quero viver a magia desse momento.

Quero congelar o tempo.
Permanecer... mais um instante.
Morar alguns minutos no seu abraço.

Quero olhá-lo sem parar...
Parece que você sempre esteve aqui.
Dos sonhos antigos...
Dos momentos presentes...
Das longas conversas...
Dos segredos compartilhados...
Sempre tão infinito...
A magia de descobrir que você nunca saiu daqui de dentro.
Sempre esteve adormecido e preservado atravessando os limites do silêncio...
Essa é a alegria e a luz que sempre descubro quando estou escrevendo...
Posso permanecer...
Posso morar nos sonhos...
Posso tê-lo a vida inteira.
Abro as portas dos meus sentimentos e descubro que você sempre teve meu coração.

Eu só quero viver neste momento para sempre.

Eu passei pelos sonhos...

Passaria tudo de novo só para ouvir a sua voz me dizer:

Que saudade!

Os sonhos chegam de viagem, às vezes de passagem...
As horas passam, dias e noites inteiras...

Os meus são simples e cabem em qualquer lugar...
Moram do outro lado da cidade ou do outro lado do mundo.
Às vezes moram na esquina ou na fila do pão
Tem um sorriso triste com olhos cansados...
Um cheiro... De sentir pertinho...

O meu sonho às vezes é real, muitas vezes imaginário
Ele atravessa as linhas do tempo só para observá-lo pela janela.
Cabe em qualquer pensamento...
Vive na música que insiste em tocar...
Tem um sentimento brando que preenche as lacunas vazias da minha alma.
Eu passei pelos sonhos...
Passaria tudo de novo só para ouvir a sua voz me dizer:
Que saudade!

Estou pensando em você!

As palavras repousam sobre a página em branco.
Coração grita. Vozes abafadas...
Desejos quase impossíveis.
Há uma janela aberta, através da qual sinto a brisa fria dos dias chuvosos de agosto.
Um sorriso desconhecido ao vento aterrissa suavemente em minhas mãos abertas...
Como o ar...
Cheio de mistério...
Brilhando como promessa.
Um momento terno de um mundo sem afetos...
Estou pensando em você!
Eu observo os seus olhos...
Seu jeito tão peculiar de falar...
Seu sorriso...
Deixo flutuar...
Sem aprisionar...
Eu queria tempo...
Um pouco mais de tempo...
Ouvir seus segredos...
Suas saudades...
Conhecer você.
A luz tem uma forma de encontrar quem procura...
Assim como um bom sentimento encontra uma forma de curar quem sabe que precisa.

Sinceramente, eu gostaria de estar aí, com você.
Aí, nos teus sonhos...

Não há tempo.
Somente sonhos...
Sopra como folhas ao vento
De pés descalços, pensamentos leves...
Poucas palavras...
Sinceramente, eu gostaria de estar aí, com você.
Aí, nos teus sonhos...

Uma vida pra inventar...
Uma vida pra escolher...
Uma vida pra durar...
Uma vida inteira com você!

Como a vida demorou tanto tempo pra trazer você!
Em meio a tanta gente nessa escuridão você apareceu como um sonho bom.
Um brilho nos olhos.
Um sorriso nos lábios.
Você me olha e sente...
E eu já lhe procurava...
Então lhe quis para a vida inteira...

Uma vida para inventar...
Uma vida pra escolher...
Uma vida pra durar...
Uma vida inteira com você!

Vejo-o partindo...
Com o coração nas mãos eu apenas te aceno ao longo da estrada...

Serei lágrimas de saudade...
Nunca será fácil lhe dizer adeus...
Mas sei que precisa seguir...
Eu já sabia que assim seria.

Seguirá seu caminho...
Estarei aqui!

Para acolhê-lo no abraço...
Como nos conhecemos...
Como nos despedimos...

E se possível fosse pediria aos céus
Uma vida inteira com você!